DEUX PROPHÉTIES

CÉLÈBRES

PROPHÉTIE D'ORVAL

PROPHÉTIE DE BLOIS

LYON

P. N. JOSSERAND, LIBRAIRE-ÉDITEUR

3, PLACE BELLECOUR, 3

1870

AVERTISSEMENT

« Sur la demande d'un grand nombre de personnes, nous publions deux prédictions qui sont depuis longtemps dans le domaine public, mais auxquelles les événements donnent un nouveau succès de curiosité. Quelle importance convient-il d'attacher à ces documents? Nous ne saurions le dire. Il y a là des coïncidences très-remarquables. Peut-être existe-t-il un mélange d'inspirations réellement surnaturelles et d'inductions dues à la seule imagination des commentateurs. »

« Nous ne sommes, quant à nous, que de

simples copistes, garantissant seulement d'avoir eu sous les yeux, depuis trente-cinq ans, le texte de la prophétie d'Orval, et depuis vingt ans, celui de la prédiction de Blois. »

(Echo de Fourvière).

DEUX
PROPHÉTIES CÉLÈBRES

PROPHÉTIE D'ORVAL

Origine du texte de la prophétie d'Orval, d'après sept copies datant de 1792 à 1794.

Cinq de ces copies ont été prises à l'abbaye d'Orval sur le texte qui y était déposé depuis plusieurs siècles. Les deux autres ont été copiées sur un manuscrit de la Bibliothèque générale de Paris, qui a la même origine que le texte d'Orval.

Ces sept copies ont été fournies : la première par M. de Damas, qui la rapporta d'Angleterre; elle fut prise à Orval en 1792. La deuxième par le P. Quantin, ancien religieux prémontré. La troisième par M. le curé de la Rixouse, elle est conforme à celle que Mgr l'évêque de Saint-

Claude emporta alors de cette abbaye en Autriche. Cet évêque dit dans son témoignage qu'il était à Orval avec plus de quarante étrangers qui émigraient, lorsque le supérieur de l'abbaye leur donna lecture de cette prophétie, que les religieux conservaient depuis plusieurs siècles dans leurs archives. Ce manuscrit original annonçait la mort de Louis XVI, la Révolution française, tous les événements antérieurs en remontant jusqu'au religieux inspiré. Plusieurs de ces personnes en prirent des copies pour les temps à venir, depuis le verset : *En ce temps-là, un jeune homme*, etc. Ce texte, porté dans les pays où s'étendit l'émigration, y fut souvent transcrit. La quatrième a été présentée par l'*Invariable* de Fribourg, qui l'a publiée en 1840. Il l'avait reçue du prêtre qui accompagnait Mgr l'évêque de Saint-Claude, et qui l'avait copiée à Orval en 1793. La cinquième par M. le vicomte d'Hozier, qui l'avait copiée à la même abbaye, à la même époque. La sixième par M. A. Lacordaire, qui l'avait copiée sur celle que la famille

Guillemardet d'Autun possède depuis 1794. La septième par M. Rossigneux, professeur au collège d'Autun; il avait lu cette prophétie dans un petit cahier imprimé en 1800, ès mains de M. Joret.

Les variantes qui existent entre ces sept copies sont insignifiantes; leur analogie prouve qu'elles ont une origine commune plus ancienne que 1791.

M. le baron de Manonville dit dans son témoignage autographe qu'il se rendit à l'abbaye d'Orval l'avant-dernière fois qu'elle a été pillée, le 20 mai 1793. Alors un des religieux dit à beaucoup de personnes présentes qu'ils s'attendaient depuis longtemps aux malheurs qui arrivaient, et leur lut cette prophétie.

Verset. 1. En ce temps-là, un jeune homme, venu d'outre-mer dans le pays du Celte-Gaulois, se manifestera par conseil de force.

2. Mais les grands qu'il ombragera l'enverront guerroyer dans la terre de la captivité.

3. La victoire le ramènera au pays premier.

4. Les fils de Brutus moult stupides seront à son approche, car il les dominera et prendra nom : empereur.

5. Moult hauts et puissants rois seront en crainte vraie, et son aigle enlèvera moult sceptres et moult couronnes.

6. Piétons et cavaliers, portant aigles et sang autant que moucherons dans les airs, courront avec lui dans toute l'Europe qui sera moult ébahie et moult sanglante ; car il sera tant fort que Dieu sera cru guerroyer d'avec lui.

7. L'Eglise de Dieu, moult désolée, se consolera tant peu, en voyant ouvrir encore les temples à ses brebis tout plein égarées, et Dieu sera béni.

8. Mais c'est fait : les lunes sont passées.

9. Le vieillard de Sion, maltraité, criera à Dieu ; et voilà que le puissant sera aveuglé pour péchés et crimes.

10. Il quittera la grande ville avec une armée si belle que aucune fut jamais si pareille ; mais oncques guerroyer ne tiendra bon devant la face du temps. La tierce part et encore la tierce part de son armée périra par le froid du Seigneur puissant.

11. Alors deux lustres (1) seront passées depuis le siècle de la désolation.

12. Les veuves et les orphelins crieront à Dieu.

13. Et voilà que les hauts, abaissés, reprendront force; ils s'uniront pour abattre l'homme tant redouté.

14. Voici venir, avec maints guerroyers, le vieux sang des siècles qui reprendra place et lieu en la grande ville. Alors l'homme tant redouté s'en ira, tout abaissé, dans le pays d'outre-mer, d'où il était advenu.

15. Dieu seul est grand ! La lune onzième n'aura pas encore relui (2), et le fouet sanguinolent du Seigneur reviendra en la grande ville, et le vieux sang quittera la grande ville.

16. Dieu seul est grand ! Il aime son peuple et a le sang en haine. La cinquième lune reluira sur maints et maints guerroyers d'Orient. La Gaule est couverte d'hommes et de machines de guerre : c'est fait de l'homme d'outre-mer.

17. Voici encore venir le vieux sang de l'homme de la Cap.

(1) Un lustre de cinq ans.
(2) Une lune égale un mois moins un jour.

18. Dieu veut la paix, et que son nom soit béni. Or, paix grande sera dans le pays du Celte-Gaulois. La fleur blanche sera en honneur moult grand. Les maisons de Dieu ouïront moult saints cantiques.

19. Mais les fils de Brutus, haïssant la fleur blanche, obtiennent règlements puissants dont Dieu est encore moult fâché à cause des siens. Le grand jour est encore moult profané.

20. Cepourtant Dieu veut éprouver le retour par dix-huit fois douze lunes (1).

21. Dieu seul est grand ! Il purge son peuple par maintes tribulations ; mais toujours les mauvais auront fin.

22. En ce temps-là, une grande conspiration contre la fleur blanche cheminera dans l'ombre par mains de compagnies maudites, et le pauvre vieux sang quittera la grande ville, et moult gaudiront les fils de Brutus.

23. Les serviteurs de Dieu crieront tout plein à Dieu ; mais Dieu, pour ce jour-là, sera sourd, parce qu'il retrempera ses flèches pour bientôt les mettre au sein des mauvais.

(1) Dix-sept ans et demi.

24. Malheur au Celte-Gaulois! Le coq effacera la fleur blanche, et un grand s'appellera roi du peuple.

25. Grande commotion se fera sentir chez les gens, parce que la couronne sera placée par mains d'ouvriers qui auront guerroyé dans la grande ville.

26. Dieu seul est grand! Le règne des méchants sera vu croître; mais qu'ils se hâtent.

27. Voilà que les pensées du Celte-Gaulois se choquent, et que grande division est dans l'entendement.

28. Le roi du peuple, assis, sera vu en abord, moult faible, et pourtant contredira bien des méchants; mais il n'était pas bien assis, et voilà que Dieu le jette bas.

29. Hurlez, fils de Brutus! appelez, par vos cris, les bêtes qui vont vous manger.

30. Dieu grand!.. quel bruit d'armes! Il n'y a pas encore un nombre plein de lunes, et voici venir maints guerroyers (1).

(1) Le nombre de lunes qui va être nommé ne sera pas encore accompli, que les faits qui suivent le seront.

31. C'est fait. La montagne de Dieu, désolée, a crié à Dieu ; les fils de Juda ont crié à Dieu de la terre étrangère, et voilà que Dieu n'est plus sourd.

32. Quel feu va avec ses flèches !

33. Dix fois six lunes et pas encore dix fois six lunes ont nourri sa colère.

34. Malheur à toi, grande ville !... Voici dix rois (1) armés par le Seigneur... Mais déjà le feu t'a égalée à la terre.

35. Pourtant les justes ne périront pas : Dieu les a écoutés.

36. La place du crime est purgée par le feu... Le grand ruisseau a éconduit ses eaux, toutes rouges de sang.

37. La Gaule, vue comme délabrée, va se rejoindre.

38. Dieu aime la paix. Venez, jeune prince, quittez l'île de la captivité... Joignez le lion à la fleur blanche.

39. Ce qui est prévu, Dieu le veut.

40. Le vieux sang des siècles terminera encore longues divisions.

(1) On peut entendre par *rois* les chefs de peuple, uels que soient leurs titres officiels.

41. Lors un seul pasteur sera vu dans la Celte-Gaule.

42. L'homme, puissant par Dieu, s'asseyera bien. Moult sages règlements appelleront la paix. Dieu sera cru guerroyer d'avec lui, tant prudent et sage sera le rejeton de la Cap.

43. Grâces au Père de la miséricorde! La sainte Sion rechante dans les temples un seul Dieu grand.

44. Moult brebis égarées s'en viendront boire au vrai ruisseau vif.

45. Trois princes et rois mettront bas le manteau de l'erreur, et verront clair en la foi de Dieu.

46. Un grand peuple de la mer reprendra vraie croyance en deux tierces parts.

47. Dieu est encore béni pendant quatorze fois six lunes et six fois treize lunes.

48. Dieu seul est grand!... Les biens sont faits : les saints vont souffrir.

49. L'homme du mal arrive de deux sangs; il prend croissance (1)

50. La fleur blanche s'obscurcit pendant dix fois six lunes et six fois vingt lunes, puis disparaît pour ne plus reparaître.

(1) Alors naît l'Antechrist.

51. Moult mal, peu de bien seront en ce temps-
là. Moult grandes villes périront.

52. Israël viendra à Dieu-Christ tout de bon.

53. Sectes maudites et fidèles seront en deux
parties bien marquées.

54. C'est fait : Dieu seul sera cru.

55. Et la tierce part de la Gaule et encore la
tierce part et demie n'aura plus de croyance,
comme aussi les autres gens.

56. Et voilà déjà six fois trois lunes et quatre
fois cinq lunes qui sont séparées, et le siècle de fin
a commencé (1).

57. Après le nombre non fait de ces lunes, Dieu
combat par ses deux justes, et l'homme du mal a
le dessus.

58. Mais c'est fait. Le haut Dieu met un mur de
feu qui obscurcit mon entendement, et je n'y vois
plus.

59. Qu'il soit béni à jamais (2).

(1) Ce siècle commence avant la fin de ces trois ans
pendant lesquels Hénoch et Elie combattent l'Antechrist.
(2) Dieu est infiniment miséricordieux !

La prière et la pénitence sauvèrent Ninive des malheurs qu'il
lui réservait à cause de ses iniquités.

Israël, convertis-toi au Seigneur ton Dieu. (Osée, XIV, 2.)

PROPHÉTIE DE BLOIS

Il circule, dans le pays blaisois, une prophétie qui a trait aux événements de l'année 1848 et de l'année 1870. Elle a été faite en 1808 par une Sœur ursuline.

Sœur Maxime à Sœur Providence des Ursulines.

1848

7. Ils recommenceront donc au mois de février ; vous serez sur le point de faire une cérémonie de vœux, et vous ne la ferez pas.

8. Ensuite, avant la moisson, un prêtre de Blois partira pour Paris ; il y restera trois jours, et reviendra ayant soin qu'il ne lui arrive rien. Un autre, qui ne sera pas de Blois, partira ensuite. Il n'ira pas jusque là, parce qu'il ne pourra pas entrer. Il reviendra donc le même jour.

(*Nota.* — Il est reconnu à Blois qu'en juin 1848 cette partie de la prophétie a été accomplie à la lettre.)

1870

9. Si ce trouble devait être le dernier, on se cacherait dans les blés, et les femmes feraient la moisson, car tous les hommes partiront ; ils n'iront que petit à petit, et ils reviendront.

10. Les séminaristes auraient pu partir, mais il ne leur arrivera rien, car ils seront sortis quand les malheurs arriveront, ils ne rentreront pas même au temps fixé ; pourtant ils auraient pu rentrer (elle répète cela plusieurs fois). Comme la sortie des séminaristes est dans la première quinzaine de juillet, les grands malheurs commenceront donc après cette époque.

11. La mort d'un grand personnage sera cachée pendant trois jours.

12. Les grands malheurs auront lieu avant les vendanges. Il y aura des signes auxquels vous vous y reconnaîtrez. Ces signes regardent la communauté. Un d'eux est l'élection d'une supérieure qui, devant avoir lieu, ne se fera pas.

13. Alors on descendra un matin sur le champ de foire, et on verra les marchands se dépêcher

d'emballer. « Et pourquoi, leur dira-t-on, emballez-vous si vite ? — Nous voulons, répondront-ils, aller voir ce qui se passe chez nous. »

(*Nota.* — Cette foire se tenant à Blois entre la sortie et la rentrée des séminaristes, puisque les grands malheurs doivent avoir lieu avant les vendanges, ne peut être que la foire du 25 août ; le trouble aura donc commencé ce jour-là.)

14. Que ces troubles sont effrayants !

15. Pourtant ils ne s'étendront pas dans toute la France, mais seulement dans quelques grandes villes, et surtout dans la capitale, où il y aura un combat terrible, et le massacre sera grand.

16. Blois n'aura rien. Les prêtres, les religieux auront grand'peur. L'évêque s'absentera dans un château ; quelques prêtres se cacheront ; les églises seront fermées, mais si peu de temps qu'à peine si l'on s'en apercevra : ce sera au plus l'espace de vingt-quatre heures.

17. Vous serez vous-mêmes sur le point de partir, mais la première qui mettra le pied sur le seuil de la porte vous dira : Rentrons, et vous rentrerez.

18. Avant ce temps, on viendra dans les églises, et l'on fera dire des messes pour les hommes qui seront au combat.

19. Quant aux prêtres et aux religieuses, de Blois, ils en seront quittes pour la peur.

20. Mais il faut bien prier, car les méchants voudront tout détruire; mais ils n'en auront pas le temps.

21. Ils périront tous dans le combat.

22. Il en périra aussi beaucoup de bons, car on fera partir tous les hommes, il ne restera que les vieillards. (La Sœur semble avoir prédit la dernière circulaire de M. Gambetta.)

23. Les derniers cependant n'iront pas loin; leur absence ne sera tout au plus que de trois jours de marche.

24. Ce temps sera court; ce sera pourtant les femmes qui prépareront les vendanges, et les hommes viendront les faire parce que tout sera fini.

25. Pendant ce temps on ne saura les nouvelles au vrai que par quelques lettres particulières.

26. A la fin, trois courriers viendront. Le pre-

mier annoncera que tout est perdu. Le second, qui arrivera pendant la nuit, ne rencontrera dans son chemin qu'un seul homme appuyé sur sa porte. « Vous avez grand chaud, mon ami, lui dira celui-là ; descendez prendre un verre de vin. — Je suis trop pressé, » répondra le courrier. Il lui annoncera qu'un autre doit bientôt venir annoncer une bonne nouvelle, puis il continuera sa route vers le Berry.

27. Vous serez en oraison (vers six heures du matin) quand vous entendrez dire que deux courriers sont passés ; alors il en arrivera un troisième, feu et eau, qui devra être à Tours à sept heures et qui apportera la bonne nouvelle.

(*Nota.* — Ce courrier feu et eau n'est autre que le chemin de fer.)

28. Puis on chantera un *Te Deum*, oh! mais un *Te Deum* comme on n'en a jamais chanté.

29. Mais ce ne sera pas celui qu'on croit qui règnera d'abord, ce sera le sauveur accordé à la France, et sur lequel elle ne comptait pas.

30. Le prince ne sera pas là, on ira le chercher.

31. Cependant le calme renaîtra, et, depuis le moment où le prince remontera sur le trône, la France jouira d'une paix parfaite, et sera plus florissante que jamais pendant vingt ans.

FIN.

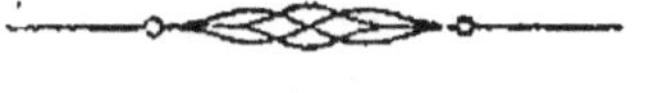

ALMANACH

DES

SERVITEURS DE MARIE ET DE JOSEPH

Par le R. P. HUGUET

Nouvelle édition

PRÉCÉDÉE DU CALENDRIER POUR L'ANNÉE

1871

Un volume in-18. — Prix : 15 centimes.

Remise : 13/10 — 70/50 — 150/100.

LA
RÉVÉLATION DE S. JEAN

OU

L'HISTOIRE PROPHÉTIQUE
DE LA LUTTE DU BIEN ET DU MAL

depuis Jésus-Christ jusqu'à la fin des temps

PAR M. MICHEL

1 vol. in-8°. — Lyon, Josserand, libraire-éditeur.
Prix : 6 francs.

La *Correspondance de Rome* a, dans ses derniers
numéros, entretenu ses lecteurs d'un livre sur lequel nous avons nous-même appelé l'attention
de nos abonnés. Nous voulons parler de la *Révé-
lation de saint Jean*, ou *Histoire prophétique de la
lutte entre le bien et le mal, depuis Jésus-Christ
jusqu'à la fin des temps*. La feuille romaine a re-
produit les approbations dont a été honoré cet
intéressant travail; et d'abord, la lettre latine par
laquelle Sa Sainteté Pie IX a hautement félicité
son auteur et *constaté l'utilité et l'opportunité de
son œuvre;* puis, celle où Mgr l'évêque d'Hébron
exprime *son admiration réelle pour cette belle et
grande étude;* celle, enfin, dans laquelle Mgr l'é-
vêque de Nîmes *voit, à travers les scènes entre-*

mêlées du Ciel et de la terre, *décrites dans ce livre, un mouvement solennel comme la marche même des mondes; livre*, dit-il, *ingénieux, savant et plein d'un grave à-propos pour les plaies dont la société contemporaine est frappée*. Mgr de Poitiers abonde dans le même sens.

Sonder l'avenir, dans des temps critiques comme ceux que nous traversons, est un besoin naturel à tous les esprits; mais l'interroger sous l'œil de l'Eglise et dans les livres sacrés où la Providence a voulu en consigner les mystérieuses manifestations, c'est, sans se prévaloir témérairement de l'idée d'en être toujours un interprète irréfragable, obéir à un sentiment d'humble et filiale confiance en Celui qui a parlé pour être compris dans une mesure qu'il détermine Lui-même : c'est, on peut le dire du moins, chercher la lumière aux sources mêmes de la lumière.

Le monde est, de nos jours, en présence d'une crise dont la gravité frappe tous les esprits. L'ordre moral et l'ordre matériel, fortement ébranlés, ont besoin d'être promptement et énergiquement raffermis. Mais si, d'un côté, l'affirmation des principes catholiques, formulée dans les grandes assises conciliaires auxquelles nous assistons, semble préparer à l'Eglise un triomphe dont on voit déjà poindre l'aurore, et qui sera réalisé sans doute, au grand profit des sociétés humaines, d'un autre côté, les théories rationalistes, maçonniques, révolutionnaires, qui s'imposent avec une incroyable audace, ne doivent-elles pas nous faire redouter aussi, dans un avenir plus ou moins rapproché, le retour de déviations de plus en plus douloureuses, et qui, de chute en chute, nous conduiront au cataclysme final? Le livre dont nous nous occupons renferme une étude intéressante de cette situation complexe, pleine de consolations et de craintes.

On ne lit guère aujourd'hui que le récit journalier des faits palpitants qui s'accomplissent sous nos yeux. Mais, à ce point de vue encore, ce livre nous semble mériter une attention sérieuse; il ne distraira pas le lecteur de ses justes préoccupations. Outre qu'on y trouve les linéaments tracés d'avance des événements présents et de ceux qui s'enchaînent à eux dans l'avenir, on y découvre surtout les causes tantôt redoutables, tantôt consolantes, auxquelles ils se rattachent, les conséquences également diverses qui en découlent, enfin les remèdes préparés d'en haut pour le salut des *nations que le Ciel a faites guérissables.*

Dieu a livré l'homme aux mains de son conseil; il a mis devant lui la vie et la mort, le bien et le mal. A lui de faire son choix. (Eccli., xx, 14, etc.)

(*Univers,* 11 Septembre 1870.)

Besançon, impr. d'Outhenin-Chalandre fils.